CHAMBRE DE COMMERCE DE LYON

(Séance du 9 Novembre 1905)

LÉGISLATION DES ACCIDENTS DU TRAVAIL

(Extension de la Loi du 9 avril 1898 à tous les salariés du commerce et de l'industrie et aux maladies professionnelles.)

RAPPORT DE M. P. VINDRY

Secrétaire-Membre de la Chambre

CHAMBRE DE COMMERCE DE LYON

(Séance du 9 Novembre 1905)

LÉGISLATION

DES ACCIDENTS DU TRAVAIL

(Extension de la Loi du 9 avril 1898 à tous les salariés du commerce et de l'industrie et aux maladies professionnelles.)

RAPPORT DE M. P. VINDRY

Secrétaire-Membre de la Chambre

Dans la séance du neuf novembre 1905 où se trouvent réunis:

M. Aug. Isaac, *président*,

M. Jean Coignet, *vice-président*, U. Pila, A. Lignon, Et. Testenoire, F. Ricard, Aug. Teste, P. Demange, F. Ferrand, G. Lyonnet, J. Gillet, P. Guéneau, L. Permezel, Ed. Payen, G. Chambeyron, *trésorier*, et P. Vindry, *secrétaire*.

M. P. Vindry a présenté le rapport suivant au nom de la Commission de Législation industrielle et commerciale :

Vous connaissez, Messieurs, la législation sur les accidents du travail, organisée par la loi du 9 avril 1898. Vous savez également que cette législation vient d'être amendée par la récente loi du 31 mars 1905 qui, sans consacrer toutes les aggravations votées par la Chambre des députés, constitue pourtant une charge nouvelle pour les chefs d'entreprises, surtout en matière d'incapacités temporaires[1].

Actuellement, nous nous trouvons en présence de deux nouvelles

[1] Voir à ce sujet les délibérations de la Chambre de Commerce de Lyon des 25 juin et 3 septembre 1903.

réformes, l'une, émanant de l'initiative parlementaire, tendant à l'extension de la législation des accidents à tous les salariés du commerce et de l'industrie, l'autre, faisant l'objet d'un projet de loi, déposé le 16 mai 1905, par le Ministre du commerce, assimilant les maladies d'origine professionnelle et, dans certaines conditions de durée, toutes les maladies au même régime que les accidents du travail.

Telles sont les deux questions que notre Commission de législation désire soumettre à vos délibérations.

SUR L'EXTENSION

Aux termes de l'article 1er, § 2 de la proposition de loi, il est stipulé que la loi du 9 avril 1898 « *sera étendue à toutes les entreprises soumises à la patente qui emploient des salariés, à la seule exception des professions agricoles, autres que celles relatives aux coupes et exploitations des forêts.* »

A cette extension générale, nous eussions préféré une extension plus rationnelle s'appliquant à toutes les industries sans exception, ainsi qu'aux entreprises commerciales comportant des risques industriels et conservant la législation de droit commun pour tous les commerces ordinaires. Toutefois, étant donné l'état de la question, le vote unanime de la Chambre et les tendances actuelles, il nous paraît difficile de s'opposer à l'extension proposée.

Celle-ci constituera, sans doute, une charge supplémentaire, pour les nouveaux assujettis qui verront augmenter leurs frais et devront en outre coopérer, par un supplément d'impôt, à la constitution du fonds spécial de garantie; mais d'autre part, il faut bien le reconnaître, elle limitera les conséquences de la responsabilité patronale qui, avec le pouvoir illimité d'appréciation de la législation de droit commun, peut donner lieu à des surprises et à des indemnités que beaucoup de commerçants ne peuvent subir sans préjudice grave.

Au contraire, Messieurs, nous désirons appeler spécialement votre attention sur l'article 3, relatif à la constitution du fonds de garantie et à la participation des nouveaux assujettis. Il est ainsi conçu :

« *Article 3. — Pour la constitution du fonds spécial de garantie, prévu à l'article 25 de la loi du 9 avril 1898, il sera perçu, à compter de l'entrée en vigueur de la présente loi, un centime et demi en addition au principal de la contribution des patentes pour les entreprises visées au deuxième alinéa de l'article 1er ci-dessus.*

« *La liste des entreprises soumises à l'application, tant de la loi du 9 avril 1898 que de la présente loi, sera arrêtée, dans les trois mois de la promulgation de la présente loi, par décret rendu, sur la proposi-*

tion des Ministres du commerce et des finances, après avis du Comité consultatif des assurances contre les accidents du travail.

« *Cette liste sera soumise tous les cinq ans à la sanction législative. Des décrets rendus dans la même forme pourront modifier le taux de la taxe additionnelle prévu au présent article, dans les limites du maximum prévu à l'article 25 de la loi du 9 avril 1898 ou fixé par la loi des finances : ils devront être publiés au* Journal officiel *au moins trois mois avant l'ouverture de l'exercice, à partir duquel la modification deviendrait applicable.*

« *Les exploitations régies par les lois du 9 avril 1898 et du 30 juin 1899 et par la présente loi qui ne sont pas soumises à la contribution des patentes, contribueront au fonds de garantie par voie de centimes additionnels à la contribution personnelle et mobilière, dont le chiffre sera fixé par la loi des finances.* »

Ainsi que vous le savez, Messieurs, la loi organique du 9 avril 1898, pour parer à l'insolvabilité des chefs d'entreprise ou des compagnies d'assurance agréées, a organisé une caisse spéciale de garantie, constituée et entretenue au moyen d'une taxe additionnelle de 4 centimes sur le principal de la contribution des patentes des industriels assujettis (art. 25).

Cette taxe, pouvant être majorée ou minorée chaque année par la loi de finances, constitue, en réalité, une prime de réassurance mutuelle obligatoire ; mais, en fait, c'est un impôt frappant indistinctement tous les assujettis, assurés ou non, quels que soient les risques de l'entreprise.

Ce mode de perception offre un premier inconvénient, en ce sens que le chef d'entreprise est soumis à la juridiction administrative pour la perception contributive sur la patente, et à la juridiction civile pour décider s'il est assujetti ou non à la loi de 1898. C'est ainsi que la Cour de Cassation a estimé que des établissements ne rentraient pas dans la loi de 1898, alors que le Conseil d'Etat leur faisait payer la taxe.

Toutefois, étant donné le but spécial et restreint de la loi, ce système de perception, quoique critiquable en principe, puisqu'il donne à une prime d'assurance le caractère fiscal d'un impôt *proportionnel à la contribution et non aux risques*, ne présente pas actuellement de bien grands inconvénients. Mais en maintenant cette même règle avec l'extension de la loi à tous les patentés, on s'expose à aboutir à de véritables injustices, par suite de l'inégalité des patentes et de la différence des risques.

Il n'existe, en effet, aucune analogie entre ces deux éléments et pourtant la proposition de loi veut les confondre et les admettre comme base de la proportionnalité de la taxe de garantie.

Avec ce système, la part contributive sera très importante pour certains établissements payant une patente considérable, alors pourtant que la prime d'assurance sera très faible à cause des risques réduits de l'entreprise.

Ainsi les commerçants de la catégorie B, qui paient une patente représentant quatre à huit fois la patente moyenne de la catégorie A, et chez lesquels les risques d'accidents sont très faibles, vont payer dix, douze et jusqu'à vingt fois plus que ceux de la série A.

Voici, par exemple, un commerçant n'occupant qu'un petit nombre d'employés. Il peut se couvrir des risques accidents au moyen d'une faible prime, mais d'autre part, exerçant son commerce dans un beau magasin et payant une patente élevée, il aura à subir une taxe additionnelle de garantie considérable dont le montant peut dépasser largement la prime d'assurance.

On a cité, à la Chambre des députés, un grand établissement dont la patente est considérable et dont les risques d'accidents sont faibles, qui paierait avec la nouvelle loi une prime d'assurance de 8.000 francs, alors qu'il aurait à verser, pour le fonds de garantie, à raison d'un et demi pour cent sur la patente, une somme de 12.000 francs.

Une telle contradiction serait aussi injuste qu'intolérable.

Le Sénat aura donc à examiner s'il ne conviendrait pas de modifier la base du calcul de la participation, en imposant l'assujetti, non sur le principal de la contribution de la patente, mais sur la prime que représente la garantie des risques de son industrie ou de son commerce. De cette façon, cette participation, cessant d'être un impôt, deviendrait réellement une prime de réassurance proportionnée à la fois aux risques et à l'importance de l'établissement.

Du reste, M. Mirman lui-même, auteur et rapporteur de la proposition de loi, reconnaissait bien dans son premier rapport que l'extension de la législation de 1898 à toutes les entreprises commerciales, entraînait le changement du mode de constitution et de recrutement du fonds spécial de garantie. « *Il était impossible, disait-il, que ce texte (celui de l'article 25) fût intégralement maintenu ; s'il l'avait été, en effet, tel commerçant n'occupant qu'un petit nombre d'employés aurait pu se couvrir des risques de la loi au moyen de primes très faibles ; mais d'autre part exerçant son commerce dans un immeuble important et payant une patente très élevée, il aurait subi une taxe additionnelle de 4 centimes dont la quotité aurait pu dépasser la valeur même de la prime d'assurance. Cette contradiction eût été intolérable.* »

Puis, dans l'article 3 de sa proposition de loi, il résolvait ainsi cette difficulté :

« *Art. 3. A compter du 1er janvier qui suivra l'entrée en vigueur de la présente loi, il sera perçu pour le fonds spécial de garantie...*

« *1°* .....

« *2° En ce qui concerne les industriels et les commerçants, des centimes additionnels à la contribution des patentes, dont le nombre sera fixé annuellement par groupements professionnels, en vertu d'un décret rendu sur la proposition du ministre du commerce et du ministre des finances, dans la limite d'un maximum de 4 centimes ou d'un maximum modifié par la loi de finances.* »

Ce système avait bien l'inconvénient fondamental de baser la contribution de garantie sur la patente; mais il présentait, du moins, l'avantage d'offrir une assez grande élasticité de taux ainsi que la création de groupes professionnels où la participation pouvait être proportionnée aux risques.

Au lieu de maintenir ce système logique et à peu près équitable, l'auteur de la proposition de loi l'abandonne et se rallie à un taux unique et forfaitaire de 1 1/2 pour 100, pour arriver à hâter l'adoption de la réforme.

C'est là un taux moyen, fixé arbitrairement, sans enquête et sans justification, c'est là, pour nous servir de l'expression même de M. Mirman, *un expédient empirique* qui ne repose sur aucune donnée pratique. Il peut convenir pour certaines entreprises ; pour d'autres, il sera trop élevé ; pour d'autres au contraire, dont les risques se rapprochent des risques industriels, il sera trop faible. Etant donné que le ministre est obligé de faire, par décret, un classement entre les assujettis pour déterminer ceux qui doivent payer 4 °/o et ceux qui ne doivent verser que 1/2 °/o, pourquoi ne pas admettre des taux variant de 1 à 4 °/o suivant les risques ? Ces classifications seraient d'autant plus faciles à établir équitablement que le ministre doit prendre l'avis du Comité consultatif des assurances et que ce dernier est très qualifié pour apprécier les risques de chaque contribuable.

SUR L'ASSIMILATION

La deuxième réforme, relative à l'assimilation aux accidents du travail des maladies d'origine professionnelle et, dans certaines conditions, de toutes les maladies, fait l'objet d'un projet de loi, déposé le 16 mai 1905 par le Ministre du Commerce et renvoyé à la Commission d'assurance et de prévoyance sociale.

Elle intéresse tous les assujettis actuels et futurs à la législation sur les accidents.

Dès 1901, la Chambre des députés, saisie d'une proposition de loi visant cette assimilation, votait, dans sa séance du 5 décembre 1905, la motion suivante : « *La Chambre invite le Gouvernement à constituer une Commission extra-parlementaire, composée de membres du parlement, de savants, de représentants des patrons et des ouvriers, chargée de dresser :*

1° « La liste des maladies professionnelles, c'est-à-dire de celles dont l'exercice continu de la profession est la cause organique, exclusive et essentielle;

2° « La liste des professions correspondantes avec, pour chacune d'elles, le coefficient de risque spécial d'invalidité ou de morbidité résultant desdites maladies. »

Le Ministre, au lieu de se conformer à cette décision, confia l'étude de ces questions à la fois à la Commission d'hygiène industrielle, créée le 11 décembre 1900, et au Comité consultatif des assurances contre les accidents du travail.

Il est intéressant de rappeler les travaux et les avis de ces deux assemblées ; car ils ont, en grande partie, servi de base au projet de loi du Gouvernement.

La Commission d'hygiène industrielle, chargée plus spécialement d'étudier, au point de vue technique et médical, les maladies exclusivement engendrées ou nettement provoquées par un travail professionnel et de dresser la liste des industries susceptibles d'engendrer ou de provoquer ces maladies, consacra à cette question une laborieuse étude, condensée dans une série de dix rapports particuliers et résumée dans un rapport général confié à M. Leclerc de Pulligny, ingénieur en chef des Ponts et Chaussées.

Il résulte de ce dernier rapport, suivant les expressions mêmes du Ministre dans son exposé de motifs, que la Commission d'hygiène industrielle a successivement constaté : « *qu'il est difficile de rattacher avec certitude à leur cause originaire les maladies professionnelles autres que les affections aiguës; reconnu qu'il serait nécessaire, pour opérer ce rattachement avec une suffisante sécurité, de suivre les origines lointaines de la maladie et d'être renseigné sur l'état pathologique antérieur de l'ouvrier atteint; écarté, en principe, la tuberculose de la liste des maladies professionnelles, bien que les conditions de la vie industrielle en puissent certainement favoriser le développement; signalé comme rares les cas de mort consécutifs à la maladie professionnelle proprement dite, comme peu fréquents ceux d'incapacité permanente absolue ou partielle, comme assez nombreux ceux d'incapacité de courte durée; retenu, en règle générale, comme suffisants les délais de prescription et de revision établis par la loi sur les accidents; proposé d'étendre, au contraire, le délai légal fixé pour la déclaration des accidents par la loi du 9 avril 1898, à raison du diagnostic souvent laborieux et lent de l'affection ; jugé bon enfin de limiter aux intoxications les plus importantes le régime d'assimilation et de réparations projeté* ».

Malgré ces observations et, on peut dire, malgré cet avis de principe défavorable, le Ministre voulut connaître l'avis du Comité consultatif des assurances, chargé surtout de rechercher, au point de vue juridique, les conditions dans lesquelles certaines maladies pourraient être législativement assimilées aux accidents du travail.

Là le projet rencontra plus d'encouragement.

Tout en déclarant que la jurisprudence tend de plus en plus à assimiler aux accidents du travail les intoxications professionnelles, et tout en reconnaissant que l'assimilation de la maladie professionnelle à l'accident se heurte à deux difficultés essentielles : « *l'une tenant au discernement toujours incertain du caractère professionnel de la maladie ; l'autre à raison des causes souvent lointaines de l'affection, à la recherche et au partage des responsabilités patronales* », le Comité se rallie au principe de l'assimilation sous condition de l'assurance obligatoire pour tous les assujettis groupés par profession.

Ecartant ainsi la difficulté de discerner, pour chaque maladie professionnelle, la part exacte de responsabilité de chaque chef d'entreprise successif, il admet une réparation collective à la charge proportionnelle et solidaire des patrons, obligatoirement assurés et organisés par groupements et sous-groupements professionnels.

C'est ce système compliqué que le Gouvernement a adopté et son projet de loi n'est, en quelque sorte, que l'homologation du rapport du Comité consultatif des assurances.

* * *

N'est-il pas tout d'abord opportun de remarquer, une fois de plus, combien il est regrettable que d'aussi importantes réformes soient entreprises sans demander l'avis des représentants autorisés de l'industrie et du commerce ? On consulte les savants, les assureurs et on néglige d'interroger les intéressés. C'est en se privant de ces concours expérimentés que l'on aboutit à proposer des réformes beaucoup plus théoriques que pratiques et parfois dangereuses pour les travailleurs que l'on prétend protéger.

Une semblable enquête paraissait d'autant plus indiquée qu'il s'agit, en l'espèce, d'un principe et d'une loi organique qui intéresse tous les assujettis à la législation du risque professionnel. Le projet de loi actuel ne vise, il est vrai, que les deux industries du plomb et du mercure.

mais ce n'est qu'une première étape et, comme le déclare le Ministre lui-même, il ne s'agit que d'une expérimentation prudente qui devra englober rapidement toutes les industries, le commerce et fatalement tous les assujettis présents et futurs.

*
* *

Sans entrer, quant à présent, dans l'examen détaillé des quarante-sept articles du projet de loi, votre Commission ne saurait vous proposer, Messieurs, de donner un avis favorable au principe de l'assimilation.

Nous reconnaissons l'existence de la maladie professionnelle, c'est-à-dire que, pour certaines industries déterminées, il existe, en plus du risque-accident, un risque industriel spécial, capable d'engendrer certaines maladies particulières.

Nous reconnaissons également que, parmi les usines d'une même industrie, il peut se rencontrer des risques professionnels différents suivant l'installation et la surveillance.

Mais nous estimons aussi que la maladie professionnelle, déterminée par les causes les plus diverses, tout à la fois professionnelles et individuelles, ne saurait être comparée à l'accident du travail. Ce dernier résulte d'une cause soudaine, tangible, facile le plus souvent à déterminer et à apprécier, tandis qu'au contraire la maladie professionnelle se développe lentement, suivant l'hérédité pathologique, l'âge et la manière de vivre de l'ouvrier; elle peut avoir une période d'incubation très variable et apparaître après que l'ouvrier a quitté l'usine ou même a changé de profession.

Ce sont là deux risques de nature différente et il paraît irrationnel de les soumettre au même régime.

Actuellement, la détermination de la responsabilité en matière de maladies professionnelles est confiée aux Tribunaux de droit commun; la jurisprudence admet le principe de cette responsabilité et en fait l'application suivant les circonstances particulières de chaque cause.

C'est un régime logique et équitable qu'il convient de maintenir. Cette solution s'impose d'autant plus qu'en examinant, soit les dix rapports de la Commission d'hygiène industrielle, qui feront certainement autorité[1], soit la proposition de loi Berton et le projet de loi du Gouvernement, on est conduit à reconnaître que peu à peu, avec l'extension inévitable des lois du travail, toutes les affections aiguës ou chroniques seront considérées comme maladies professionnelles.

[1] Voir annexe nº 1 les conclusions de ces dix rapports.

En consultant, par exemple, le tableau des industries assujetties annexé à la proposition Berton, on voit que ce n'est pas seulement l'industrie que l'on entend viser, mais également le commerce et à peu près tous les salariés[1].

Ainsi, dans le saturnisme professionnel, causé par le plomb et ses composés, on admet *la manipulation des caractères d'imprimerie en alliage de plomb, la conduite des métiers Jacquard munis de contre-poids en plomb;* parmi les maladies causées par les poussières, au nombre desquelles se trouve la tuberculose, on classe *la meunerie et la boulangerie, le peignage, cardage et filage du lin, du chanvre, du coton, de la laine et de la soie, le battage des tapis;* dans les maladies contagieuses, on trouve *le transport et la garde des malades, le triage des vieux papiers, le blanchissage du linge.*

En outre, le projet de loi adoptant toujours l'avis du Comité d'assurance, ne se contente pas de viser les maladies d'origine professionnelle, il propose en plus l'attribution d'une indemnité quotidienne avec frais médicaux, pharmaceutiques ou hospitaliers *pour toute incapacité de travail occasionnée par maladie, quelle que soit l'origine de la maladie* dans les conditions de la loi de 1898 et jusqu'au trentième jour inclusivement (art. 5).

Ainsi tous les chefs d'entreprise assujettis auraient donc, en plus de la responsabilité des accidents et des maladies professionnelles, à supporter la responsabilité limitée à trente jours, de tous les malaises ou maladies pouvant atteindre leur personnel.

Voici, par exemple, un ouvrier ou un employé qui subit une contagion provoquée par son logement, son voisinage ou sa manière de vivre, qui prend une fluxion de poitrine, une fièvre par suite d'imprudence ou d'évènement étranger au travail et le patron, pendant trente jours, serait responsable, avec obligation de payer l'indemnité journalière, les frais médicaux, pharmaceutiques, hospitaliers et jusqu'aux frais funéraires !

Ce serait l'exploitation légalement organisée et il nous paraît impossible qu'une semblable conception soit admise par une commission parlementaire.

Du reste, aucune des législations étrangères, parmi les nations industrielles qui ont pourtant admis le risque professionnel pour les accidents, n'ont accepté l'assimilation des maladies professionnelles, même résultant exclusivement de l'exercice de la profession. La législation allemande notamment, qui est souvent citée comme exemple, n'assure la réparation des maladies d'origine professionnelle que comme

[1] Voir annexe n° 2 le tableau des industries assujetties.

celle des maladies ordinaires, suivant les principes du droit commun. Les décisions de l'office impérial des assurances sont conformes à notre législation actuelle et s'éloignent complètement de l'avis du Comité consultatif français des assurances.

Nous trouvons, cependant, dans l'article 73 de la récente loi anglaise du 17 août 1901 sur les fabriques et ateliers, une disposition qui pourrait s'appliquer aux industries insalubres. Tout médecin, constatant un cas d'intoxication par le plomb, le phosphore, l'arsenic et le mercure ou de septicemie charbonneuse, qu'il suppose avoir été contracté dans une fabrique ou dans un atelier, doit en aviser l'inspecteur civil des fabriques. Les officiers d'état civil de district sont également tenus d'adresser audit inspecteur le double du certificat de décès attribué directement ou indirectement à l'un des cas d'empoisonnement précédemment énumérés. Il s'agit là d'une simple déclaration qui ne préjuge pas et qui réserve tous les droits. Ainsi limitée, il n'y aurait aucun inconvénient à l'introduire dans notre législation.

*
* *

Mais nous ne repoussons pas seulement le principe de l'assimilation, nous déclarons, en outre, que le système d'application proposé est impraticable.

Au lieu de conserver à chaque chef d'entreprise la responsabilité de ses risques, en l'incitant ainsi à redoubler d'attention et à prendre toutes les mesures d'hygiène et de salubrité favorables à la santé de son personnel; au lieu de laisser à chacun la liberté de l'assurance, le choix de l'assureur et la charge des primes, le projet organise une responsabilité collective et solidaire avec assurance obligatoire par groupe d'industrie avec administration régionale, placée sous le contrôle d'un Comité central.

C'est ainsi que les industries, professions ou travaux désignés par la loi, comme pouvant engendrer des maladies professionnelles (art. 1) sont classés par décrets en groupes similaires au point de vue de la nature et de l'importance des risques courus (art. 3).

Puis, dans chaque arrondissement et pour chaque groupe industriel, il est institué une mutualité locale, comprenant de plein droit tous les chefs d'entreprises ressortissant au groupe, et tous les ouvriers ou employés qu'elles occupent (art. 9).

Enfin, tous les membres de ces mutualités locales font de plein droit partie d'un syndicat central de garantie liant solidairement tous ses adhérents pour le paiement des indemnités légales et siégeant à Paris (art. 4).

Voilà de la centralisation à outrance et, avec quelque expérience des affaires, il est facile d'apercevoir l'injustice et les difficultés d'une pareille solidarité.

***

L'administration de ces mutualités et de ces syndicats n'est pas moins compliquée.

Les mutualités aussi nombreuses que les arrondissements et que les divers groupes assujettis, sont administrées par un Comité-directeur, composé de trois patrons et de trois ouvriers élus et d'un président désigné par les membres du précédent Comité ou, à défaut, par le président du Tribunal civil (art. 10, 11, 12).

On connaît, par expérience, les conflits perpétuels auxquels donnent lieu ces organisations mixtes et il serait regrettable d'en multiplier le nombre.

Le Comité-directeur est doté des pouvoirs les plus étendus. Il gère et administre la mutualité ; il choisit les médecins, les pharmaciens (art. 14). Il paie les rentes, les indemnités, les frais médicaux, hospitaliers, etc. (art. 15).

Il fait face à toute les charges de la mutualité à l'aide des contributions collectives des patrons et des retenues opérées par leurs soins sur les salaires, *suivant les taux respectivement déterminés chaque année pour l'année suivante, par décret rendu après avis de la Commission supérieure des maladies professionnelles* (art. 16).

Le calcul préventif de ces taux, basé sur les salaires à payer, nous paraît à peu près impossible à établir équitablement.

Ces taux, dit l'article 16, doivent être calculés en pourcentage des salaires à pager, de telle manière :

1° Que la recette annuelle totale puisse correspondre aux charges présumées de l'exercice et assurer en outre la constitution progressive d'un fonds de réserve, qui doit être au moins égal au montant des dépenses moyennes d'un exercice, sans dépasser le triple de ce montant;

2° Que le montant global des contributions patronales représente, d'après des statistiques spéciales dressées à cet effet, la charge qui incomberait aux entreprises assujetties du fait des indemnités correspondant aux incapacités n'excédant pas trente jours et dues à des maladies d'origine professionnelle, si lesdites incapacités étaient indemnisées dans les mêmes conditions que les accidents du travail ;

3° Que le surplus seulement, correspondant aux incapacités sans origine professionnelle, soit laissé à la charge des ouvriers, par voie de retenues sur les salaires, effectuées par les chefs d'entreprise ;

4° *Que la portion destinée à l'alimentation du fonds de réserve soit proportionnellement répartie entre les deux éléments ci-dessus.*

Comment un chef d'entreprise pourra-t-il vérifier l'exactitude de sa part contributive et surveiller l'emploi régulier des fonds ?

Quant au syndicat central, fonctionnant à Paris, auquel les mutualités locales de chaque groupe sont rattachées, il « *est administré par un Conseil d'administration de sept membres, élus par tous les chefs d'entreprise faisant partie des Comités-directeurs des mutualités locales ressortissant au Syndicat* » (art. 25).

C'est l'éviction à peu près certaine de ces Conseils d'administration des représentants de la province.

Le Syndicat rembourse aux mutualités locales les arrérages de rentes et les indemnités pour incapacités excédant trente jours, tandis que les indemnités journalières pour incapacités n'excédant pas trente jours sont supportées uniquement par les mutualités locales (art. 15).

Pourquoi cette répartition différente suivant la nature et la durée de l'incapacité ? Le projet ne le dit pas, mais il est certain que cette division et ces remboursements compliqueront encore les comptes.

En cas d'insolvabilité des chefs d'entreprise débiteurs, le montant dû par chaque Syndicat est groupé et réparti entre les Syndicats centraux, au prorata du chiffre de leurs répartitions respectives ; puis chaque Syndicat central opère à son tour une répartition complémentaire de la part qui lui incombe (art. 27).

Les complications se multiplient et, avec quelques réflexions pratiques, on peut mesurer le travail et les frais nécessités par tous ces organismes. N'avions-nous pas raison de solliciter préalablement une enquête auprès des intéressés?

*
* *

Enfin, comme dernière considération, votre Commission estime que toutes ces mesures de protection à outrance, sont contraires aux intérêts de certaines catégories de travailleurs qu'une santé délicate, ou un âge plus ou moins avancé, exposent plus spécialement aux contagions et aux maladies ; elles aboutissent inévitablement à la visite médicale et au rétablissement du livret ouvrier sous forme de livret sanitaire. Il est, en effet, bien certain que le chef d'entreprise, en face de cette nouvelle responsabilité, qu'elle soit collective ou individuelle, sera toujours obligé de se préoccuper de l'état de santé et des antécédents physiologiques de celui qui sollicitera du travail.

Il semble même que le projet ait voulu l'inciter à s'intéresser à cette question en donnant au Comité-directeur des mutualités locales le droit de « *réduire les contributions patronales afférentes aux entreprises dont l'installation et le fonctionnement ont pour effet d'amoindrir le risque de la maladie professionnelle* » (art. 17).

Notre Chambre s'est toujours déclarée partisan des règlements et des mesures destinés à améliorer l'hygiène et la sécurité des travailleurs, et dernièrement encore, dans sa séance du 7 septembre 1905, elle émettait un avis favorable à l'adoption du projet de loi modifiant la législation des établissements dangereux, insalubres ou incommodes (rapport de M. Coignet, vice-président); mais elle ne saurait approuver une réforme qui paraît superflue, puisque les principes de droit commun suffisent à protéger les intérêts visés, et qu'en outre les autorités publiques, soit par les inspecteurs du travail, soit par les récentes lois sur la réglementation ouvrière, et notamment par celle du 12 juin 1893, concernant l'hygiène des travailleurs dans les établissements industriels, sont suffisamment armés pour vérifier les conditions hygiéniques de chaque usine et prescrire les modifications favorables à la santé du personnel.

C'est par des règlements spécialement étudiés, suivant les régions, les industries et le personnel, par une surveillance attentive et surtout expérimentée, que l'on doit tendre à la meilleure hygiène pratique ; c'est par des Caisses de secours et de retraite, alimentées à la fois par l'Etat, par les patrons et par le personnel, que l'on peut espérer compenser efficacement les conséquences des maladies professionnelles ou autres, de l'âge et de l'usure inévitables.

L'initiative privée, ainsi que les mutualités régionales et corporatives, rendent déjà des services indiscutables ; il convient de généraliser et d'encourager ces institutions, et surtout de ne pas risquer, par une imprudente législation, de compromettre ces institutions sociales qui ont fait leurs preuves.

Ce sont ces principes que proclamait, il y a quelques jours à peine, la Commission d'hygiène sociale du Congrès international contre la tuberculose; M. Millerand lui-même, qui s'est toujours montré l'ardent promoteur des lois et des règlements de protection ouvrière, saisissait cette occasion pour déclarer qu'il y aurait imprudence à marcher trop vite dans la voie des réformes. Nous sommes encore, disait-il, à réaliser les retraites ouvrières. Nous devons n'avancer qu'avec prudence, c'est la condition du succès. D'autant plus que nous avons en France des œuvres d'initiative privée, les mutualités, qui ont donné des résultats admirables. Il faut tenir compte de cette organisation. Ce serait fou, en effet, de faire les assurances sociales contre elle. C'est, au contraire, avec son concours qu'on doit les réaliser.

C'est vers ce rôle de surveillance directe et de participation raisonnée que le Gouvernement doit orienter son action tutélaire en aidant à l'hygiène et à la sécurité des travailleurs au moyen de lois et de règlements préservateurs, ainsi qu'en favorisant, par un concours effectif, les assurances mutuelles basées sur la coopération solidaire du patron et du personnel.

CONCLUSIONS

Comme conclusions, votre Commission de législation vous propose :

Sur la première question. — D'émettre un avis favorable à l'extension de la législation sur les accidents du travail à tous les salariés du commerce et de l'industrie, en réclamant des Pouvoirs publics le maintien du principe du partage forfaitaire et transactionnel des responsabilités et des risques, tel que l'a organisé la loi du 9 avril 1898 et en déclarant, en outre, que toute nouvelle aggravation à la charge du chef d'entreprise, venant s'ajouter à celles déjà trop facilement admises par la récente loi du 31 mars 1905, ferait échec à ce principe essentiel et constituerait pour l'industrie et le commerce une charge imméritée ;

De protester contre le taux de 1 1/2 o/o sur le principal de la contribution des patentes admis, sans justification, comme participation à la constitution du fonds spécial de garantie, estimant qu'il serait plus rationnel et plus équitable d'adopter le principe du classement professionnel, correspondant à un taux déterminé de participation, variant de 1 à 4 o/o maximum, suivant les risques de chaque groupe.

Sur la deuxième question. — De déclarer que, tout en reconnaissant, pour certaines industries dangereuses ou insalubres, l'existence de maladies d'origine professionnelle, ainsi que la responsabilité possible du chef d'entreprise, il est impossible d'assimiler ce risque au risque-accident ;

Que la jurisprudence, admettant le principe de cette responsabilité et accordant réparation suffisante suivant les faits et circonstances de chaque cause, il est préférable de maintenir la législation existante ;

Qu'au surplus cette assimilation serait préjudiciable aux travailleurs d'une santé délicate ou d'un âge plus ou moins avancé et que ce préjudice serait d'autant plus certain que le projet de loi admet, pendant trente jours, la responsabilité patronale pour toutes les maladies, quelles que soient leur cause et leur origine.

Que le Gouvernement a tous pouvoirs et moyens nécessaires pour assurer l'hygiène et la salubrité des travailleurs, ainsi que pour faire constater les maladies professionnelles ;

Qu'enfin les mesures d'exécution proposées sont compliquées, impraticables, contraires au droit individuel et risquent de compromettre les heureux effets des mutualités que le Gouvernement doit s'efforcer, au contraire, d'encourager et de doter généreusement.

Ce rapport entendu :

La Chambre de Commerce de Lyon à l'unanimité.

L'adopte dans ses termes et conclusions.

Le transforme en délibération et décide qu'il sera adressé à M. le Ministre du commerce, de l'industrie, des postes et des télégraphes.

La Chambre en vote ensuite l'impression et décide qu'il sera envoyé à toutes les Chambres de commerce de France, ainsi qu'aux Chambres syndicales lyonnaises.

POUR EXTRAIT CONFORME :
Le Secrétaire-Membre de la Chambre,
P. VINDRY.

ANNEXE N° 1

1° *Le plomb et ses composés.* Rapporteur Dr Thoinot, professeur-agrégé, médecin des hôpitaux de Paris.

Conclusions : De tout ce rapport ressort l'évidente nécessité de l'établissement d'un casier sanitaire pour chaque sujet exposé à l'empoisonnement saturnin professionnel ; il sera, pour le médecin appelé à se prononcer dans les cas délicats et difficiles de la cachexie, le guide indispensable.

2° *Le mercure et ses composés.* Rapporteur Dr Josias, de l'Académie de médecine.

Conclusions : De l'ensemble de ces considérations d'ordre technique, il paraît bien établi que les ouvriers les plus exposés à subir l'intoxication mercurielle sont ceux qui manient le nitrate acide de mercure. Les empoisonnements chroniques par le mercure métallique, par le sublimé, par le biodure, le bichromate, le fulminate et les sulfures de mercure tendent à devenir de plus en plus exceptionnels.

3° *L'arsenic et ses composés.* Rapporteur Dr Bourges, de la Faculté de médecine de Paris.

Conclusions : Ce que nous venons d'exposer à propos des difficultés qu'on rencontre lorsqu'il s'agit de reconnaître les accidents professionnels dus à l'arsenic, montre suffisamment combien est indispensable la connaissance approfondie des moindres antécédents morbides des sujets travaillant dans l'industrie qui emploient des composés arsénicaux.

L'établissement d'un registre sanitaire où seraient régulièrement inscrits les troubles de la santé présentés par chaque ouvrier appartenant à ces industries, lors même qu'il n'y aurait pas eu chomage consécutif, s'impose donc de toute nécessité.

4° *Le sulfure de carbone.* Rapporteur Dr Heim, professeur agrégé de la Faculté de Paris.

Conclusions : L'exposé des difficultés que peut présenter le diagnostic des accidents du sulfocarbonisme professionnel montre l'utilité majeure d'une connaissance aussi parfaite que possible des antécédents morbides des travailleurs appelés à manier le sulfure de carbone.

Il paraît donc hors de conteste qu'au premier rang des mesures à prendre pour éclairer ultérieurement le diagnostic et l'origine des accidents, imputables au sulfocarbonisme, se place l'établissement d'un carnet sanitaire.

Les ouvriers faibles, chétifs, névrosés, alcooliques, sont nettement prédisposés aux accidents sulfocarboniques.

5° *La benzine, la nitro-benzine, l'aniline, les essences diverses.* Rapporteur Dr Courtois-Suffit, médecin des hôpitaux de Paris.

6° *L'hydrogène sulfuré.* Rapporteur Dr Courtois-Suffit.

Ces deux intéressants rapports ne présentent pas de conclusions générales.

7° *Les vapeurs et gaz vénéneux ou caustiques.* Rapporteur Le Roy des Barres, membre du Conseil d'hygiène de Paris.

Conclusions : Quant à la forme lente ou chronique de ces intoxications, leurs caractères en sont quelquefois bien vagues et il est réellement difficile jusqu'ici, dans nombre de cas, malgré les descriptions qui, pour certaines d'entre elles, ont été données, de remonter avec une certitude suffisante des symptômes dont elles seraient l'origine, à leur véritable cause, et d'établir par conséquent pour elles leur caractère exclusivement professionnel.

8° *Les virus de la variole et du charbon.* Rapporteur Dr Félix Brémond.

Conclusions : Ce rapport conclut par une déclaration plutôt politique que médicale :

« En terminant ce rapport, dont la forme m'a été imposée, je tiens à affirmer très énergiquement, une fois de plus, combien je serais désireux de voir aboutir le projet de loi soumis à l'examen de la Commission d'hygiène industrielle. Je suis de ceux qui considèrent comme indispensable l'extension demandée par le député Breton et 38 de ses collègues.

« Malgré ses imperfections, la loi sur les accidents est une sauvegarde précieuse pour une catégorie considérable de travailleurs ; je demande avec les représentants du peuple, avec les syndicats ouvriers, que le bénéfice en soit étendu à tous les travailleurs sans exception.

« Lorsque la loi sera modifiée, ce qui est indispensable, lorsque les patrons humains, qui prennent toutes les précautions nécessaires à la sécurité et à l'hygiène de leur personnel, ne seront plus confondus avec les industriels égoïstes et négligents, s'en rapportant aux Compagnies d'assurances pour la réparation de dommages qu'ils auraient pu empêcher, je serai le premier à signaler les défauts et les abus de la législation actuelle.

« En ce moment, je ne songe qu'à une lacune qui me fait émettre cette opinion : tous les ouvriers, égaux devant la loi, doivent être égaux devant la prévoyance sociale ; tous ont un droit égal à la réparation des maux professionnels, chroniques ou aigus, sourds ou retentissants. Les hygiénistes qui pensent comme moi diront : « empoisonnement équivaut à blessure » s'ils ne veulent pas que des mécontents continuent à dire : « dans l'industrie française, il y a des travailleurs nobles et des travailleurs roturiers, et cela ne devrait pas être, puisque le temps des privilèges est passé ».

9° *Poussières diverses d'origine animale, végétale ou minérale.* Rapporteur Dr Courtois-Suffit.

Conclusions :

« Je crois donc :

« 1° Que les poussières citées précédemment, et ici je ne fais pas de distinction entre elles, constituent par leur inhalation répétée un danger auquel on peut et on doit remédier par la mise en vigueur de mesures prophylactiques rigoureuses ;

2° Que, dès que la maladie est constituée et que le diagnostic est dûment établi à l'aide des moyens que je viens d'indiquer, on est en droit de l'assimiler à un accident du travail entraînant une incapacité permanente et complète. »

10° *Les dermatoses professionnelles.* Rapporteur Dr Le Roy des Barres et Dr Courtois-Suffit.

Le rapport ne présente pas de conclusions générales, mais le début peut être cité comme résumant l'avis des rapporteurs.

« Certaines industries exposent leurs ouvriers à des lésions de la peau et des muqueuses dont le caractère et le mode d'apparition permettent d'établir, avec une suffisante précision, la relation de cause à effet pour les qualifier de maladies professionnelles.

« Une remarque importante cependant à faire immédiatement est qu'un grand nombre de ces affections se montrent plus facilement, ou prennent un plus grand développement, chez des sujets spécialement prédisposés par leur constitution ; il en est ainsi en particulier des dermatoses à forme eczémateuse. A côté des diverses dermatoses professionnelles dont l'aspect peut être polymorphe, on en rencontre quelques autres dont l'évolution, avec leur forme toujours constante, est réellement caractéristique du genre de travail auquel se livrent les ouvriers qui en sont porteurs.

ANNEXE N° 2

TABLEAU

des industries assujetties à la présente loi et des maladies professionnelles qu'elles engendrent.

Saturnisme professionnel.

Maladies causées par le plomb et ses composés.

DÉLAI DE RESPONSABILITÉ : UN AN

MALADIES engendrées par l'intoxication saturnine.	INDUSTRIES susceptibles de provoquer l'intoxication saturnine des ouvriers.
Coliques de plomb. Myalgies-arthralgies. Paralysies. Encéphalopathie. Hystérie. Anémie progressive. Néphrite Goutte Artériosclérose	1° Métallurgie et raffinage du plomb. 2° Fonte, laminage et ajustage du plomb et de ses alliages. 3° Fonte des caractères d'imprimerie en alliage de plomb. 4° Fabrication des poteries dites d'étain en alliage de plomb. 5° Cintrage des tubes d'instruments de musique à l'aide du plomb. 6° Soudure à l'aide d'alliage de plomb. 7° Conduite des machines à composer utilisant un alliage de plomb. 8° Étamage à l'aide d'alliage de plomb. 9° Fonte des jouets en alliage de plomb. 10° Fabrication des capsules métalliques pour bouteilles en alliage de plomb. 11° Dessoudure des vieilles boîtes de conserves. 12° Montage des canalisations en plomb. 13° Manipulation des caractères d'imprimerie en alliage de plomb. 14° Taille des limes sur enclume revêtue d'une feuille de plomb. 15° Travail des métaux dans des étaux à mâchoires garnies de plomb. 16° Conduite des métiers Jacquard munis de contrepoids en plomb. 17° Fabrique de sels de plomb (céruse, minium, litharge, chromate de plomb, etc.). 18° Broyage des couleurs à base de plomb. 19° Peinture de toute nature comportant l'emploi de couleurs plombifères. 20° Fabrication des accumulateurs au plomb. 21° Fabrication et manipulation des mastics plombifères. 22° Montage des canalisations comportant des joints en mastic plombifère. 23° Fabrication des huiles siccatives et des vernis plombifères. 24° Fabrication de la poterie et de la faïence avec émaux plombifères.

Saturnisme professionnel *(Suite)*

MALADIES engendrées par l'intoxication saturnine	INDUSTRIES susceptibles de provoquer l'intoxication saturnine des ouvriers.
Coliques de plomb. Myalgies-arthralgies Paralysies. . . . . . Encéphalopathie . . Hystérie. . . . . . Anémie progressive. Néphrite . . . . . . Goutte . . . . Artériosclérose . . .	25° Décoration de la porcelaine à l'aide de produits plombifères. 26° Fabrication du cristal. 27° Émaillage des métaux à l'aide d'émaux plombifères. 28° Fabrication des toiles cirées et des cuirs vernis. 29° Vernissage et laquage à l'aide de produits plombifères. 30° Report des dessins sur étoffes à l'aide de poncifs à la céruse. 31° Blanchissage des dentelles à l'aide de céruse. 32° Teinture à l'aide de couleurs à base de plomb. 33° Fabrication des fleurs en papier teint à l'aide de couleurs plombifères. 34° Fabrication des papiers satinés à l'aide de produits plombifères. 35° Polissage des glaces à l'aide de « potée d'étain ».

Hydrargyrisme professionnel.

Maladies causées par le mercure et ses composés.

Délai de responsabilité : un an

MALADIES engendrées par l'intoxication mercurielle.	INDUSTRIES susceptibles de provoquer l'intoxication mercurielle des ouvriers.
Stomatite . . . . . . Tremblements. . . . Troubles nutritifs. . Cachexie	1° Distillation du mercure. 2° Fabrication des lampes à incandescence et des ampoules radiographiques à l'aide de trompes à mercure. 3° Fabrication des baromètres, manomètres et thermomètres à mercure. 4° Dorure, argenture, étamage au mercure. 5° Fabrication des sels de mercure (azotate, chlorures, cyanure, etc.). 6° Secrétage des peaux par le nitrate acide de mercure. 7° Fabrication des chapeaux de feutre. 8° Travail des fourrures et pelleteries à l'aide de sels de mercure. 9° Bronzage et damasquinage à l'aide des sels de mercure. 10° Empaillage d'animaux à l'aide de sels de mercure. 11° Fabrication des amorces au fulminate de mercure. 12° Désinfection des locaux par une solution de bichlorure de mercure.

Arsenicisme professionnel.

Maladies causées par l'arsenic et ses composés.

Délai de responsabilité : un an

MALADIES engendrées par l'intoxication arsénifère	INDUSTRIES susceptibles de provoquer l'intoxication arsénifère des ouvriers.
Accidents digestifs. Laryngo-bronchite. Accidents cutanés. Céphalalgie Paralysie Néphrite Cachexie	1° Fabrication de l'arsenic et de ses composés. 2° Fabrication de la rosaniline arséniatée, des couleurs d'aniline et des verts arsenicaux. 3° Fabrication et manipulation des papiers et étoffes teints avec des verts arsenicaux. 4° Broyage des couleurs arsenicales. 5° Travaux et grattage de peinture à base d'arsenic. 6° Travaux des corroyeurs, mégissiers et empailleurs manipulant des produits arsenicaux. 7° Fabrication des cristaux et émaux avec emploi d'arsenic. 8° Travail des minerais contenant de l'arsenic. 9° Utilisation de l'acide sulfurique ou du zinc contenant de l'arsenic.

Sulfocarbonisme professionnel.

Maladies causées par le sulfure de carbone

Délai de responsabilité : un mois.

MALADIES causées par l'intoxication sulfocarbonique	INDUSTRIES susceptibles de provoquer l'intoxication sulfocarbonique des ouvriers.
Intoxication aiguë spécifique Conjonctivite, troubles oculaires. Troubles digestifs. Tremblements. Hystérie Paralysie Cachexie	1° Fabrication et rectification du sulfure de carbone. 2° Vulcanisation et travail du caoutchouc à l'aide du sulfure de carbone. 3° Extraction des huiles et des graisses par le sulfure de carbone. 4° Fabrication de la viscose et de ses dérivés (soie artificielle). 5° Fabrication des étoffes et toiles caoutchoutées.

Hydrocarburisme professionnel.

Maladies causées par les hydrocarbures : benzine, nitrobenzine, aniline, essences, etc.

DÉLAI DE RESPONSABILITÉ : 10 JOURS

MALADIES causées par l'intoxication hydrocarburique.	INDUSTRIES susceptibles de provoquer l'intoxication hydrocarburique des ouvriers.
Ulcérations de la peau. Anémie. . . . . . . Troubles nerveux . . Névrite	1° Fabrication et distillation de la benzine, de la nitrobenzine, de l'aniline, de l'essence de térébenthine. 2° Dégraissage des étoffes par la benzine et l'essence de térébenthine. 3° Distillation du pétrole. 4° Fabrication des vernis à base d'essence de térébenthine. 5° Distillation des goudrons. 6° Manipulation de la solution de caoutchouc dans la benzine.

Septicémie professionnelle.

Maladies causées par les virus.

MALADIES	INDUSTRIES susceptibles de les provoquer.
Charbon. Délai de responsabilité : 15 jours.	1° Travaux d'équarissage, de boucherie, de boyauderie. 2° Transport des viandes. 3° Manipulation des crins, brosserie. 4° Cardage et lavage des laines. 5° Tannage, préparation, manipulation des cuirs. 6° Fabrication des objets en cornes et en os. 7° Fabrication du noir animal. 8° Fabrication de la colle forte. 9° Entretien des animaux, des écuries et des étables. 10° Manipulation du suif.
Morve. Délai de responsabilité : 20 jours.	Tout travail mettant l'ouvrier en contact avec les chevaux.

Pneumokonioses professionnelles, Tuberculose.

Maladies causées ou aggravées par les poussières.

DÉLAI DE RESPONSABILITÉ : UN AN

MALADIES	INDUSTRIES susceptibles de les provoquer.
Pneumokonioses. . . Tuberculose. . . .	1° Fabrication de la porcelaine, de la faïence et de la poterie. 2° Fabrication de chaux, plâtre et ciment. 3° Taille du verre. 4° Taille des pierres. 5° Travail à la meule. 6° Polissage. 7° Meunerie et boulangerie. 8° Peignage, cardage et filage du lin, du chanvre, du coton, de la laine et de la soie. 9° Battage des tapis. 10° Travail des plumes et poils. 11° Travail de la nacre. 12° Cassage et empaquetage du sucre.

Maladies causées par le travail dans l'air comprimé.

MALADIES	TRAVAUX susceptibles de les provoquer.
Congestion et apoplexie cérébrales. . Congestion et apoplexie pulmonaires. Paralysie	1° Travail dans les caissons. 2° Travail en scaphandre.

L'Ankylostomasie

DÉLAI DE RESPONSABILITÉ : UN AN

MALADIE	INDUSTRIE susceptible de la provoquer.
Ankylostomasie . . .	Mines.

Maladies contagieuses.

MALADIES	DÉLAIS de responsabilité	TRAVAUX susceptibles d'en caractériser l'origine professionnelle.
1° La fièvre typhoïde	15 jours.	1° Triage des vieux papiers et des vieux chiffons. 2° Blanchissage du linge. 3° Battage des tapis. 4° Cardage des matelas. 5° Transport et garde des malades. 6° Entreprise de funérailles. 7° Désinfection des appartements et de la literie.
2° Le typhus exanthématique	10 —	
3° La variole et la varioloïde	30 —	
4° La scarlatine	7 —	
5° La rougeole	15 —	
6° La diphtérie	8 —	
7° La suette miliaire	2 —	
8° Le choléra et les maladies cholériformes	5 —	
9° La peste	10 —	
10° La fièvre jaune	10 —	
11° La dysenterie	5 —	
12° La méningite cérébro-spinale épidémique	15 —	
13° La tuberculose pulmonaire	Un mois.	
14° La coqueluche	15 jours.	
15° La grippe	8 —	
16° La pneumonie et la broncho-pneumonie	8 —	
17° L'érysipèle	2 —	
18° Les oreillons	20 —	
19° La lèpre	Un mois.	
20° La teigne	10 jours.	
21° La conjonctivite purulente et l'ophtalmie granuleuse	8 —	

Lyon. — Imprimerie A. REY, 4, rue Gentil. — 40654